Üzgün Olduğumda
When I Am Gloomy

Sam Sagolski
İllüstrasyon: Daria Smyslova

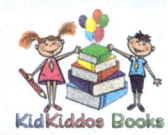

www.kidkiddos.com
Copyright ©2025 by KidKiddos Books Ltd.
support@kidkiddos.com

All rights reserved. No part of this book may be reproduced in any form or by any electronic or mechanical means, including information storage and retrieval systems, without written permission from the publisher, except in the case of a reviewer, who may quote brief passages embodied in critical articles or in a review.
First edition, 2025

Translated from English by Muhtesem Kartoglu
İngilizce aslından çeviren: Muhtesem Kartoglu

Library and Archives Canada Cataloguing in Publication
When I Am Gloomy (Turkish English Bilingual edition)/Shelley Admont
ISBN: 978-1-0497-0347-3 paperback
ISBN: 978-1-0497-0348-0 hardcover
ISBN: 978-1-0497-0349-7 eBook

Please note that the Turkish and English versions of the story have been written to be as close as possible. However, in some cases they differ in order to accommodate nuances and fluidity of each language.

Bulutlu bir sabah, kendimi üzgün hissederek uyandım.

One cloudy morning, I woke up feeling gloomy.

Yataktan kalktım, en sevdiğim battaniyeme sarındım ve oturma odasına yürüdüm.

I got out of bed, wrapped myself in my favorite blanket, and walked into the living room.

"Anne!" diye seslendim. "Kendimi kötü hissediyorum."
"Mommy!" I called. "I'm in a bad mood."

Annem kitabından başını kaldırdı. "Kötü mü? Neden böyle söylüyorsun canım?" diye sordu.
Mom looked up from her book. "Bad? Why do you say that, darling?" she asked.

Çatık kaşlarımı işaret ederek "Yüzüme bak!" dedim. Annem hafifçe gülümsedi.
"Look at my face!" I said, pointing to my furrowed brows. Mom smiled gently.

"Mutlu bir yüzüm yok bugün." diye mırıldandım. "Beni üzgün olduğumda da seviyor musun?"
"I don't have a happy face today," I mumbled. "Do you still love me when I'm gloomy?"

"Elbette seviyorum." dedi annem. "Sen üzgünken sana daha yakın olmak, sana sıkıca sarılmak ve seni neşelendirmek istiyorum."

"Of course I do," Mom said. "When you're gloomy, I want to be close to you, give you a big hug, and cheer you up."

Bu beni biraz daha iyi hissettirdi ama sadece bir anlığına, çünkü sonra bütün diğer ruh hallerimi düşünmeye başladım.

That made me feel a little better, but only for a second, because then I started thinking about all my other moods.

"Yani… Ben sinirliyken de beni seviyor musun?"
"So… do you still love me when I'm angry?"

Annem tekrar gülümsedi. "Elbette seviyorum!"
Mom smiled again. "Of course I do!"

"Emin misin?" diye sordum, kollarımı kavuşturarak.
"Are you sure?" I asked, crossing my arms.

"Sen kızgın olsan bile ben hâlâ senin annenim ve seni yine aynı şekilde seviyorum."

"Even when you're mad, I'm still your mom. And I love you just the same."

Derin bir nefes aldım. "Peki ya utandığımda?" diye fısıldadım.

I took a big breath. "What about when I'm shy?" I whispered.

"Utandığında da seni seviyorum." dedi. "Arkama saklanıp yeni komşuyla konuşmak istemediğin zamanı hatırlıyor musun?"

"I love you when you're shy too," she said. "Remember when you hid behind me and didn't want to talk to the new neighbor?"

Başımı salladım. Çok iyi hatırlıyordum.

I nodded. I remembered it well.

"Sonra 'merhaba' dedin ve yeni bir arkadaş edindin. Seninle çok gurur duymuştum."

"And then you said hello and made a new friend. I was so proud of you."

"Peki ya çok fazla soru sorduğumda da beni seviyor musun?" diye devam ettim.

"Do you still love me when I ask too many questions?" I continued.

"Şimdi olduğu gibi çok fazla soru sorduğunda, senin yeni şeyler öğrenip her gün biraz daha akıllı ve daha güçlü hale gelmene tanık oluyorum." diye yanıtladı annem. "Ve evet, seni yine de seviyorum."

"When you ask a lot of questions, like now, I get to watch you learn new things that make you smarter and stronger every day," Mom answered. "And yes, I still love you."

"Ya canım hiç konuşmak istemezse?" diye soru sormaya devam ettim.

"What if I don't feel like talking at all?" I continued asking.

"Buraya gel." dedi. Kucağına çıktım ve başımı omzuna dayadım.

"Come here," she said. I climbed into her lap and rested my head on her shoulder.

"Konuşmak istemediğinde ve sadece sessiz kalmak istediğinde, hayal gücünü kullanmaya başlıyorsun. "Yaratıcılığını görmeyi seviyorum." diye yanıtladı annem.

"When you don't feel like talking and just want to be quiet, you start using your imagination. I love seeing what you create," Mom answered.

Sonra kulağıma fısıldadı: "Sessiz olduğunda da seni seviyorum."

Then she whispered in my ear, "I love you when you're quiet too."

"Peki ya korktuğumda da beni seviyor musun?" diye sordum.
"But do you still love me when I'm afraid?" I asked.

"Her zaman." dedi annem. "Korktuğunda, yatağın altında veya dolapta canavar olmadığından emin olmana yardım ederim."
"Always," said Mom. "When you're scared, I help you check that there are no monsters under the bed or in the closet."

Sonra beni alnımdan öptü. "Sen çok cesursun tatlım."
She kissed me on the forehead. "You are so brave, my sweetheart."

Yumuşak bir sesle ekledi: "Ve yorulduğunda üstünü battaniyenle örterim, ayıcığını getiririm ve sana şarkımızı söylerim."

"And when you're tired," she added softly, "I cover you with your blanket, bring you your teddy bear, and sing you our special song."

"Ya çok fazla enerjim olursa?" diye sordum, ayağa fırlayarak.

"What if I have too much energy?" I asked, jumping to my feet.

Annem güldü. "Enerji dolu olduğunda birlikte bisiklete bineriz, ip atlarız veya dışarıda koşarız. Seninle bunları yapmayı çok seviyorum!"

She laughed. "When you're full of energy, we go biking, skip rope, or run around outside together. I love doing all those things with you!"

"Peki ya brokoli yemek istemediğim zaman da beni seviyor musun?" dedim, dilimi çıkararak.

"But do you love me when I don't want to eat broccoli?" I stuck out my tongue.

Annem kıkırdadı. "Brokolini Max'e verdiğin zamanki gibi mi? O çok beğenmişti."

Mom chuckled. "Like that time you slipped your broccoli to Max? He liked it a lot."

"Sen onu gördün mü?" diye sordum.
"You saw that?" I asked.

"Tabii ki gördüm ve yine de seni seviyorum, öyle yaptığında bile."
"Of course I did. And I still love you, even then."

Bir an düşündüm ve son bir soru sordum:

I thought for a moment, then asked one last question:

"Anneciğim, eğer beni üzgünken ya da kızgınken seviyorsan mutlu olduğumda da seviyor musun?"

"Mommy, if you love me when I'm gloomy or mad... do you still love me when I'm happy?"

Bana yeniden sarılarak "Ah, tatlım, sen mutlu olduğunda ben de mutlu oluyorum." dedi.

"Oh, sweetheart," she said, hugging me again, "when you're happy, I'm happy too."

Alnımdan öptü ve ekledi: "Mutlu olduğunda da seni, tıpkı üzgün, kızgın, utanmış ya da yorgun olduğunda sevdiğim kadar çok seviyorum."

She kissed me on the forehead and added, "I love you when you're happy just as much as I love you when you're sad, or mad, or shy, or tired."

Annemin yanına sokulup gülümsedim. "Yani… Beni her zaman mı seviyorsun?" diye sordum.

I snuggled close and smiled. "So… you love me all the time?" I asked.

"Her zaman," dedi. "Her ruh hâlinde, her gün, seni hep seviyorum."

"All the time," she said. "Every mood, every day, I love you always."

Annem konuşurken kalbimde bir sıcaklık hissetmeye başladım.

As she spoke, I started feeling something warm in my heart.

Dışarıya baktım ve bulutların uzaklaşıyor olduğunu gördüm. Gökyüzü maviye dönmüş, güneş ortaya çıkmıştı.

I looked outside and saw the clouds floating away. The sky was turning blue, and the sun came out.

Görünüşe bakılırsa, her şeye rağmen güzel bir gün olacaktı.

It looked like it was going to be a beautiful day after all.

www.ingramcontent.com/pod-product-compliance
Lightning Source LLC
LaVergne TN
LVHW072112060526
838200LV00061B/4875